CONSTELAÇÕES SISTÊMICAS E ESPIRITUALIDADE

Como preparar as novas gerações para o terceiro milênio

Fabrício Oliveira

PROMOÇÃO DE SAÚDE E PAZ

CONSTELAÇÕES SISTÊMICAS E ESPIRITUALIDADE

Como preparar as novas gerações para o terceiro milênio

Fabrício Oliveira

Artesã

Constelações sistêmicas e espiritualidade:
como preparar as novas gerações para o terceiro milênio
1ª edição

COORDENAÇÃO EDITORIAL
Karol Oliveira

DIREÇÃO DE ARTE
Tiago Rabello

REVISÃO
Maggy de Matos

CAPA
Kamila Moreno

PROJETO GRÁFICO E DIAGRAMAÇÃO
Conrado Esteves

O48 Oliveira, Fabrício.
Constelações sistêmicas e espiritualidade : como preparar as novas gerações para o terceiro milênio / Fabrício Oliveira . – Belo Horizonte : Ed. Artesã, 2017.
92 p. ; 21 cm.
ISBN: 978-85-88009-65-3
1. Psicoterapia. 2. Espiritualidade. 3. Saúde. 4. Educação. I. Título.
CDU 159.9

Catalogação: Aline M. Sima CRB-6/2645

IMPRESSO NO BRASIL
Printed in Brazil

ARTESÃ EDITORA LTDA.
Site: www.artesaeditora.com.br
E-mail: contato@artesaeditora.com.br
Belo Horizonte/MG

Dedicatória

Dedico esse livro, com muito amor, aos meus filhos Alberto, Melissa e Samuel, e toda a ancestralidade que a vida de cada um deles uniu.

Sumário

Apresentação

Este livro tem o objetivo de apresentar uma interface entre os pilares da Constelação Familiar segundo Bert Hellinger e a Espiritualidade cristã, a partir do estudo do simbolismo de algumas passagens evangélicas aplicadas à dinâmica relacional de famílias, escolas, empresas e outras organizações, numa perspectiva sistêmica.

Não se pretende aqui a escrita de nenhum tratado. Apenas uma apresentação simples dos princípios ou leis de Amor estabelecidas pelo psicólogo alemão Bert Hellinger como base dos trabalhos da Constelação familiar, ilustradas pela sabedoria profunda manifestadas pela espiritualidade cristã.

Também não é um tratado de magia. Nem muito menos de misticismo. Pretende-se extrair ensinamentos práticos que possam ser aplicados no dia a dia das famílias, das escolas, empresas e outras instituições, inspirados numa compreensão sistêmica da vida.

Pode ser uma nova forma de exegese evangélica, talvez, entre a ciência e a religião. Pode, talvez, ser para os pais e educadores um pequeno guia de princípios e valores morais, reafirmados, e não inventados, e que possam se apresentar como ilhas de lucidez diante do oceano de caos conceitual em que se vive hoje, do ponto de vista religioso, haja vista a ampla variedade presente no cardápio que se apresenta para a degustação espiritual nos dias atuais.

Muitos pais têm a sua espiritualidade, mas não se sentem seguros em inserir os filhos numa religião específica. Esse livro pretende ajudar, sim, pais e educadores a dialogarem com essa essência, reafirmando aspectos no comportamento, na comunicação em família que possam expressar os valores primordiais de uma convivência minimamente respeitosa e saudável, colocando cada membro de um clã em seu lugar específico. Que filhos sejam filhos, e que pai sejam pais, preparando-se e reciclando-se todos para uma melhor vida em sociedade.

Pode parecer óbvio, mas nossa prática diária tem mostrado que as coisas não funcionam bem assim, com graves distorções nos papéis sociais que detonam vínculos adoecidos e pesados, que se tornam obstáculos dos processos de expansão e crescimento dos indivíduos em geral.

Vê-se também síndromes de "não pertencimento" e de pertencimento a processos enlouquecidos de inserção apressada em grupos de risco, realizados, em sua maioria por jovens desorientados, e por adultos pouco alfabetizados para uma vida adulta minimamente sustentável, pelo que julgamos pertinente também o presente texto, de forma despretensiosa.

Observamos processos descompensados na dinâmica entre o dar e receber – material, emocional e espiritual – nas famílias, entre esposos, pais e filhos e outros agregados, gerando também processos incubados, como núcleos inconscientes de adoecimento e incompreensão, nos seios das famílias, que se tornam sementes de violência física e emocional, de separações e divórcios – tantas vezes evitáveis – nas rotinas corridas em que a vida se expressa todos os dias.

Do ponto de vista educacional, hoje, percebo o grupo dos educadores formais nas escolas públicas e privadas – professores da infância e da adolescência principalmente – recebendo indivíduos completamente desnorteados das noções mínimas de respeito, hierarquia, obediência e de trocas saudáveis. Vive-se nos extremos do desrespeito, que são as ameaças e os atos violentos; nos extremos da desobediência, que são o desafio e a impunidade; e nos extremos da exploração, que são a extorsão e o crime impostos a um grupo de profissionais muito bem-intencionados (as), muitas vezes, e que se vêm fragilizados (as) e desprotegidos (as) numa cultura de que "tudo pode", de menos, reclamar com a diretora.

Antes, os alunos iam para diretora, a pedido da professora. Hoje, a professora vai para a diretora, com medo dos alunos. Antes, os pais acreditavam nos professores e utilizavam seus argumentos baseando-se no boletim e relatórios dos mestres. Agora, os pais desacreditam, em grande parte, dos professores e utilizam os boletins e outros processos formais de avaliação, para reafirmar a posição do (a) filho (a) como correto (a), questionando a do (a) professor (a). É uma inversão catastrófica de valores pedindo auxílio de todos os setores da saúde, da educação, da segurança, etc.

Nas empresas, relações saudáveis são desafiadoras devido, muitas vezes, aos fortes climas de competição e das metas a serem alcançadas pelo coletivo. Criar um clima de colaboração em meio a estes valores pode ser muito complexo para um (a) gestor (a) desavisado (a). Compreender como a hierarquia, a ordem, o pertencimento e os processos de dar e receber geram processos mais harmônicos nas empresas, naturalmente pode aproximar essas instituições de seus resultados mais elevados.

Outras instituições, como estabelecimentos religiosos, organizações não governamentais, etc. sofrem, às vezes, com estas leis que se aplicam na prática, mas que tantas vezes são desconhecidas na teoria, gerando distorções devido ao desconhecimento dessas leis e seus mecanismos de ação no ramerrão do trabalho.

Assim, em alguns momentos poderemos estar reafirmando o óbvio e o secular, porém às vezes isso se faz realmente necessário. Em outros, poderemos estar trazendo algumas novas luzes para se pensar o Evangelho e a espiritualidade cristã como roteiro de sabedoria sistêmica para o dia a dia, sem assumir posturas aguerridas de defesa aos aspectos teológicos das religiões, que se querem firmar cristãs se apropriando de tais conceitos. Respeitaremos todas elas, sem nos prender a nenhuma, neste volume.

A Espiritualidade em estudo, cuja análise visa facilitar alcançar as culminâncias práticas do dia a dia, é a Cristã, mas poderia ser qualquer outra. Talvez, a apreciação de outras espiritualidades sejam um convite para próximos volumes.

Queremos que o(a) leitor(a), quer seja empresário(a), educador(a), religioso(a), empreendedor(a), profissional de saúde, pai, mãe, enfim, cuidador(a), possa se enriquecer dos exemplos do Evangelho sob a ótica sistêmica simples da Constelação Familiar e viver, com isso, uma vida mais desbloqueada e feliz!

Se conseguirmos, com isso, apontar saídas, ampliar a consciência ou criar alguma certeza no coração de quem lê, de que a vida vale a pena, de que os processos sistêmicos podem gerar, com solidez, uma cultura de saúde e paz para a humanidade neste terceiro milênio, e de que vale a pena acreditar que os processos de mudança dos padrões doentios da coletividade podem ser realizados a partir da conscientização individual dos mesmos, então, certamente, teremos alcançado os mais altos fins dessa pequena brochura.

Um forte abraço e ótima leitura!

Fabrício Oliveira
Outubro de 2016

Prefácio

Viver longo tempo na terra.
Ex. 20:12

Todos os seres e coisas que existem e são, antes de existirem e serem, foram precedidos por outros seres e coisas que os geraram. Nada se fez sozinho e até mesmo a geração espontânea é antecedida pelo invisível que a gerou. Dessa maneira e nesse sentido de encadeamento sucessório de filiação o que foi gerado deve sua manifestação ao que o produziu.

Deixando de lado as coisas e dirigindo a perspectiva de observação aos seres humanos, de qualquer ponto que seja observado, vemos uma longa cadeia ancestral geradora e outra descendente. Isto remete-nos às belas, profundas, sensíveis e verdadeiras palavras do Velho Testamento: "Honra teu pai e tua mãe a fim de viverdes longo tempo na terra que o Senhor te dá" (Ex, 20:12). Esta exortação ou mandamento define com que carinho e gratidão alguém deve considerar todos aqueles, que foram antes dele, que o geraram, antecederam e deram condições de manifestar em dada atualidade, expressando plenamente essa gratidão, reconhecendo a grandeza das bases que lhe dão suporte existencial.

Ao lermos esse belo livro, de nosso amigo, Fabrício Oliveira, associando conceitos das Constelações Familiares e passagens do evangelho de Jesus, imediatamente somos conduzidos à gratidão a todos os que nos antecederam na jornada da vida, refletindo em belas expressões que dizem:

"Meu pai, você é grande eu sou pequeno, você me deu a vida, isso é tudo, me olhe com carinho, se eu fizer diferente!"

"Minha mãe, você é grande eu sou pequeno, você me deu a vida, isso é tudo, me olhe com carinho, se eu fizer diferente!" (fala em exercício de constelação familiar)

A leitura do livro flui fácil, gostosa, leve, convidativa a reflexões profundas e graves, no entanto, suavemente. Os conceitos são entrosados numa linguagem acessível, possível, compreensível e, aos poucos, damos conta da grandiosidade dos valores disponíveis na vida para a manifestação da honra, respeito e gratidão, devidos à ancestralidade geratriz e com isso facilitando a constituição de uma descendência saudável, feliz, sem as repetições de padrões constrangedores devidos em grande parte à desonra do descendente.

Em belas associações e reflexões com passagens do evangelho de Jesus, os conceitos da constelação familiar ganham dimensões mais sensíveis e, nesse entrosamento de conceitos, o autor sem esgotar o tema deixa vasto campo aberto ao leitor aprendiz e leva-o a buscar conhecer esse campo mais completamente; e essa busca abre, saudavelmente o campo mental do leitor conhecedor a querer conhecer-se mais e mais, profundamente ainda.

Ao final de cada capítulo, o autor condutor leva o leitor conhecedor a algumas reflexões sinceras e estimuladoras sobre si mesmo e suas constelações psíquicas sistêmicas, que definem a grande percepção de si mesmo e o ser si mesmo no mundo, herdando a terra que o Senhor lhe dá.

Afonso Chagas Corrêa

CAPÍTULO 1

O que são as Constelações Familiares?

O que está acontecendo é o que foi dito por intermédio do profeta: "Sucederá nos últimos dias, diz Deus, que derramarei do meu Espírito sobre toda carne. Vossos filhos e vossas filhas profetizarão, vossos jovens terão visões e vossos velhos sonharão".

(Atos dos Apóstolos 2,16-17)

Introdução

Não se pode falar em Constelações Familiares sem antes falar sobre Bert Hellinger, seu criador. Este capítulo se propõe, então, a brevemente, citar alguns tópicos da Biografia e da Bibliografia de Bert Hellinger, expor e explicar os princípios pelos quais as constelações familiares se organizam e estabelecer um paralelo do Evangelho com essa forma sistêmica de trabalho codificada por este ex-padre e psicólogo, sr. Bert Hellinger.

Quem foi Bert Hellinger?

Fonte: <http://meireramos.com.br/bert-hellinger/>. Acesso em 02 de dezembro de 2015.

Bert Hellinger nasceu em 1925, na Alemanha. Foi convocado para a 2ª guerra em 1942. Em 1945 foi capturado como refém pela Bélgica. Foge, em seguida, de um campo de prisioneiros e se inicia numa ordem católica, com o pseudônimo de "Suitbert" – Origem de Bert.[1]

Na década de 1950 forma-se em Teologia e Filosofia, e é enviado como missionário para a África do Sul. Lá recebe o diploma como professor (1960) e participa de diversos programas de treinamento em dinâmicas de grupo (e tem contato com os Zulus – línguas, costumes e rituais).

Entre 1970 e 1980 deixa a igreja, casa-se e faz formações em: Terapia Primal, Psicanálise, Gestalt, análise de histórias, análise transacional, hipnoterapia, etc.

Em 1993 – o psiquiatra Guntard Weber e Huntard Beaumont documentam o trabalho de Hellinger, mais tarde traduzido para o português com o nome "A Simetria Oculta do Amor". Faz a sua primeira visita ao Brasil (Rio de Janeiro) em 1999. Sendo sua segunda visita em 2001. A partir daí fez vários trabalhos em território brasileiro em seminários organizados pelos seus seguidores.

O que são as Constelações Familiares Sistêmicas?

Bert Hellinger iniciou seus estudos sobre "consciência leve" e "consciência pesada", quando foi confrontado por um membro de um grupo que coordenava, e percebeu que as pessoas agiam mais obedientes ao sentimento da consciência "leve" ou "pesada" do que às noções de "certo" e "errado" estabelecidas pela cultura. Tais leis seriam importantes,

[1] Fonte: <http://www.institutohellinger.com.br>.

segundo ele, para o funcionamento dos grupos humanos e de sua sobrevivência.

Sobre as leis do amor

Não se pode esquecer que Bert Hellinger tem formação teológica, foi padre e missionário na África por muitos anos. Sua formação teológica é sólida e não pode ser desprezada como uma de suas principais influências teóricas.

Embora haja inúmeros motivos para a Religião hoje ser vista com preconceito por parte de muitas mentes mais racionais e céticas, não há dúvida que todas elas, sem exceção, possuem arquétipos de informações valiosas dispersas em seus textos e ensinamentos que inspiram muitos filósofos, cientistas, religiosos e escritores da atualidade, ainda que eles não assumam isso com total sinceridade – do ponto de vista autoral.

Quem conhece os textos bíblicos vê, em muitos livros de autoajuda atuais, por exemplo – mensagens evangélicas transformadas em palavras mais informais, mas com a mesma essência de um ensinamento de vida, moral ou teológico. A aceitação do público a estes livros existe porque as pessoas enfrentam bloqueios para ler as mesmas notícias nas fontes tradicionais de espiritualidade, pela própria viciação histórica e deturpações interpretativas de muitas delas ao longo dos tempos. Acredito que este preconceito deveria ser revisto pelas pessoas em geral. Há muito para ser lido e refletido nestes textos, de forma individual.

Estamos aqui, portanto, dizendo que não se pretende confirmar as leis de Amor contidas no Evangelho, a partir das Constelações familiares. Pelo contrário. Pretende-se demonstrar como as descobertas de Bert Hellinger já se encontram nos textos sagrados, como Leis, que, inclusive, possam também ter sido uma fonte de inspiração para este respeitável autor da teoria das constelações familiares sistêmicas.

No caso, iremos, a partir das 3 leis "descobertas" por ele, demonstrar, por exemplos, como elas já estavam presentes no Evangelho de Cristo, auxiliando a Humanidade a viver de forma mais pacífica, amorosa e abençoada. Ou seja, estamos demonstrando que essa reordenação conceitual, ou reenquadramento teórico proposto por Bert Hellinger pode auxiliar a compreensão, por um novo ângulo, de passagens de nossa própria vida individual, iluminadas pelas luzes da Espiritualidade Cristã, quer seja no âmbito familiar, profissional, educacional, dentre outros.

E quais seriam as leis de amor, segundo Bert Helinger?[2]

Para este autor, seriam três as leis que regem os relacionamentos humanos. A saber: Pertencimento (Vínculo); Equilíbrio (entre Dar e Receber); e Ordem (Hierarquia). Nos aventuraremos nesta obra a observar, no Novo Testamento, passagens em que essas dinâmicas se tornam mais claras para a consciência disposta a abraçar o Amor como uma das Leis soberanas que regem a vida no relacionamento do Homem com Deus, com o próximo e consigo mesmo.

O Pertencimento seria aquela lei que faz com que as pessoas ajam visando pertencer a um determinado grupo. Assim, a consciência ficaria leve por agir em conformidade com aquele grupo e pesada se agisse em não conformidade. Uma criança numa família de criminosos pode se sentir "de consciência pesada" por não roubar, por não agir de forma semelhante aos seus familiares, por exemplo, e se ver induzida a roubar ou maltratar pessoas para que não seja rejeitada.

A dinâmica do Dar e do Receber estaria ligada ao desequilíbrio nas relações humanas que surge quando, num

[2] Fonte: <http://www.institutohellinger.com.br>.

determinado sistema, alguém recebe muito mais do que dá, fazendo com que uma parte se torne muito menor e a outra muito maior. Tais relações tendem a se desfazer, em virtude deste desequilíbrio, quer sejam em sociedades, famílias, etc.

E, por fim, a lei da Ordem, que envolve a noção de hierarquia, o respeito aos mais velhos, aos ancestrais, e àqueles que chegam antes em um determinado sistema. Grande parte dos desequilíbrios nas relações humanas ocorrem em virtude da desobediência deste quesito.

Mas além da dinâmica da consciência individual, ele descobriu que há uma dinâmica que rege a convivência coletiva, grupal, nas relações de um determinado sistema. Assim, ela se torna visível, muitas vezes através de seus efeitos, sendo difícil de ser percebida de outra forma.

Segundo Bert e seus estudiosos em relação ao Pertencimento (ou Vínculo) a consciência grupal não permite que qualquer membro do grupo seja esquecido, expulso ou excluído sem exigir uma compensação. Caso isso ocorra, ela vai exigir que um descendente que vem mais tarde (e que, frequentemente, nada sabe ou nem mesmo participou do fato) repita o destino do excluído ou aja de forma similar a ele (sem o mesmo o saber).

Em relação ao Equilíbrio, ainda, essa consciência exige uma compensação adequada para o que foi dado e recebido. Se alguém recebe demais e não equilibra isso, então um descendente tem a propensão de fazê-lo em seu lugar.

E, por fim, em relação à ordem, essa consciência não admite a interferência dos pequenos nos assuntos dos maiores, sob pena de os primeiros se sentirem (sem perceber) tentados a expiar sua interferência através do fracasso, da doença e de destinos difíceis.

Ao longo deste pequeno volume, iremos interpretar, à luz destas três leis, algumas passagens do Evangelho Cristão na interface com as Constelações Familiares, com o objetivo de enriquecer a nossa compreensão da vida, numa perspectiva de Espiritualidade, visando promover uma cultura de Saúde e Paz nos mais variados setores da Educação, da Saúde, da Cultura, do Empreendedorismo, para este terceiro milênio que já começou, aviso aos navegantes...

Jesus e suas profecias

Poderíamos estudar as passagens do Evangelho Cristão, categorizando várias de suas seções. Por exemplo, poderíamos elencar as curas, os chamados "milagres" (que, para mim, nada mais são do que fenômenos cientifico-espirituais passíveis de serem reproduzidos, na medida em que regidos por leis, ainda que por nós as mesmas ainda sejam desconhecidas), poderíamos separar as pregações, os eventos da vida comum do Cristo, os diálogos com os apóstolos, os processos de exorcismo, as profecias, dentre outros.

Para este capítulo, iremos tomar, como uma conta em um colar de pérolas, uma dessas suas previsões.

Profetizar é uma palavra que encontra sua origem no grego, e tem seu significado atrelado a algo como se tornar intérprete dos deuses. Assim, quando alguém profetiza, ela pode, de acordo com minhas especulações teóricas, a respeito, entrar em sintonia com essa (ou essas) "mente(s) sábia(s)" que rege(m) o universo, e, superando as barreiras aparentes do espaço-tempo consegue, numa perspectiva não local, estabelecer considerações e conexões entre eventos do presente, do passado e do futuro, como se todos fizessem parte, simultaneamente, de uma grande teia sistêmica de informações entrelaçadas, que superam as capacidades rotineiras de percepção pelos nossos sentidos convencionais.

Desta forma, Jesus pode ser considerado um ser dotado, de forma natural, por estas possibilidades cerebrais, que podem ser incluídas na dimensão do desenvolvimento das potências intuitivas do Ser. Ou seja, se o cérebro, ou parte do cérebro, tem um funcionamento linear, analógico, cartesiano, uma outra parte do par **cérebro**-mente poderia funciona em nível não linear, digital e quântico.

Estudos recentes da Neurociência e sua interface com a Física quântica têm tentado investigar essas possibilidades. Um dos campos de estudos que permite esta extrapolação é a Teoria dos Campos morfogenéticos de Rupert Sheldrake atrelada à visão Holográfica do Universo, que não será objeto de aprofundamento, mas de um outro volume dessa coleção.

Segundo essa visão, o Universo teria campos de informações disponíveis para serem acessados de forma holográfica, que coincide com visões propostas por alguns filósofos da antiguidade, segundo a qual "tudo está em tudo", ou seja, a ideia de que cada partícula no universo contém a informação do universo inteiro, como se fossem fractais.

O campo da consciência individual e da coletiva

Desta forma, além do inconsciente individual freudiano, teríamos também o campo do inconsciente coletivo proposto por Jung, passível de ser investigado, através dessa ferramenta, chamada de constelações familiares. Assim, aspectos do emaranhamento psíquico de um indivíduo com o seu contexto, em uma dada coletividade – quer consigo mesmo, familiar ou profissional – tornam-se passíveis de serem observados de forma consciente, ajudando aquele indivíduo ou determinado grupo de indivíduos – numa empresa ou família, por exemplo – a compreender melhor a dinâmica sistêmica daquele determinado contexto que está sendo analisado.

Quando Jesus diz que ele "derramaria do seu espírito sobre toda a carne" (Atos dos Apóstolos 2,16-17),pode-se compreender, dentre outras interpretações – e essa é apenas uma –que a humanidade estaria madura para dar o seu salto evolutivo, no sentido de ser capaz de acessar estas informações de forma consciente. E uma das formas de se apreciar isto seria a capacidade das pessoas – jovens, velhos, etc. – de forma diferentes, de extrair informações mais precisas do inconsciente coletivo, favorecendo as dinâmicas de convivência e melhoria de toda a Humanidade, através de sonhos, experiências mediúnicas, revelações sistêmicas, dentre outras.

Acredito que, do ponto de vista científico, a constelação é uma das formas de se acessar esse "espírito derramado por toda a carne" (no caso, da carne humana). Isso pode significar que a "mente divina", "o Todo sábio", ou "a fonte cósmica da vida", enfim o nome que se queira dar, numa perspectiva científica, pode estar se dando a conhecer através desses mecanismos, pelos quais o magnetismo sábio universal se faz presente.

Interessante é perceber o conceito de universo pela física. Inicialmente, concebido como uma grande máquina, ou como um relógio muito bem feito, hoje, alguns físicos têm proposto que o Universo parece mais com um grande pensamento, do que com um grande relógio.

Tenho visto que a ferramenta da constelação familiar é como uma poderosa enzima – numa metáfora biológica – catalisadora dos processos psíquicos das pessoas, favorecendo a resolução de traumas, dramas inconscientes na hereditariedade psicológica das famílias e propiciando vivências de catarse emocional poderosa, deixando os indivíduos que as experimentam mais leves, mais conscientes, e mais abertos para a beleza e a profundidade da sabedoria e do fluxo da vida.

E no Evangelho, encontra-se uma passagem atribuída a Paulo de Tarso, referindo-se a sua experiência com Deus, em que ele teria dito que "Porque n'Ele vivemos, nos movemos, e existimos". (Atos 17:28). Essa visão se aproxima muito da visão monista, holográfica e sistêmica, considerando o Universo como um grande pensamento.

Ou seja, a de que vivemos como peixes no Oceano Divino, sentindo, em nossa superfície, o contato com a superfície do próprio Criador. Através deste contato, decodificamos as informações em interpretações deste campo oceânico em que estamos imersos, desenvolvendo formas mais avançadas de sensibilidade, através de outras formas de percepção que vão além dos 5 sentidos convencionais. E quer queira pela via religiosa, científica ou filosófica, a ferramenta da constelação familiar parece ser uma das formas de se acessar essa sabedoria universal, por meio dessas novas possibilidades sensoperceptivas e intuitivas que se manifestam diretamente no corpo.

CAPÍTULO 2

Constelando o "Lava-pés": entre Pedro e Jesus

"Senhor, vais me lavar os pés?" Respondeu-lhe Jesus: "O que faço agora, não podes compreender, todavia o compreenderás mais tarde".

(João, 13: 6-7)

Introdução

Estudaremos aqui neste capítulo esta passagem do Evangelho de João (João, 13: 5-16) conhecida como "O lava-pés". Ei-la:

> Em seguida, derramou água em uma bacia e começou a lavar os pés dos discípulos e a enxugá-los com a toalha que estava em sua cintura. Aproximou-se de Simão Pedro, que lhe disse: "Senhor, vais me lavar os pés?" Respondeu-lhe Jesus: "O que faço agora, não podes compreender, todavia o compreenderás mais tarde." Disse-lhe Pedro: "Senhor, jamais me lavarás os pés!" Ao que Jesus lhe advertiu: "Se Eu não lavar os teus pés, tu não terás parte comigo." Rogou-lhe Simão Pedro: "Senhor, lava não somente meus pés, mas também, as minhas mãos e a minha cabeça!" Explicou-lhe Jesus: "Quem já se banhou precisa apenas lavar os pés; o seu corpo já está completamente limpo. Vós também estais limpos, mas nem todos." Pois Jesus sabia quem iria traí-lo, e por isso disse: "Nem todos vós estais limpos". Após haver lavado os pés dos seus discípulos, tornou a vestir sua capa, voltou a sentar-se à mesa e lhes indagou: "Compreendeis o que vos fiz? Vós me chamais 'Mestre' e 'Senhor', e estais certos, pois Eu, de fato, o sou. Dessa maneira, se de vós Eu Sou Senhor e Mestre e ainda assim vos lavei os pés, igualmente vós deveis lavar os pés uns dos outros. Dei-vos um exemplo para que, como Eu vos fiz, também vós o façais. Em verdade, em

verdade vos afirmo que nenhum escravo é maior do que seu senhor, como também nenhum enviado é maior do que aquele que o enviou".

As Leis do Amor em ação no Lava Pés

Na interface entre a Espiritualidade Cristã e as Constelações familiares como poderíamos perceber a dinâmica das Leis do Amor em ação nesta passagem?

Como sabemos, são três as leis de Amor, segundo Bert Hellinger: o Pertencimento (Vínculo), o Equilíbrio (Dar e o Receber) e a Ordem.

Jesus, com sua pedagogia extraordinária, demonstrando seus ensinos entre a teoria e a prática, desarticula estruturas paradigmático-conceituais fechadas na mente de seus discípulos, ajudando-os a ventilar novas ideias e conceitos de forma inamovível, na medida em que calcada pela experiência.

Sobre a Ordem

Pedro, quando Jesus tenta lhe lavar os pés, a princípio rejeita tal atitude. Ele reconhecia Jesus como mestre. Parece, de acordo com o relato evangélico, que ele não aceitava que, como mestre, Jesus se submetesse a tal humilhação.

Porém, Jesus, já o alerta que ele não compreenderia aquele ato naquele momento, apenas mais tarde. A filosofia da espiritualidade cristã é a do serviço, ou seja, Jesus mesmo havia deixado claro que ele havia vindo ao mundo para servir, e não para ser servido. Mateus 20:26-28.[3] Sua grandeza estava exatamente neste núcleo.

[3] "Não será assim entre vós; mas todo aquele que quiser entre vós fazer-se grande seja vosso serviçal; E, qualquer que entre vós quiser

Ao contrário dos preconceitos religiosos humanos, que colocavam muitas vezes as lideranças religiosas na posição de serem servidas, ele havia, com a força de seu exemplo, demonstrado num ato simples, a dinâmica de sua profunda espiritualidade cósmica. O maior, em um sistema, deverá trabalhar a serviço sempre do menor, favorecendo a sua caminhada. E não o contrário.

Grande parte dos erros dos líderes humanos está ligado à incompreensão desta lei. Ao alcançar postos de comando, na Ciência, na Religião, na Política, etc., em geral observamos um fenômeno que se repete, quase que como um padrão. Os líderes se esquecem dos liderados, e presunçosos, começam fazendo a máquina atuar apenas em benefício próprio, adotando, no máximo, medidas populistas a este respeito. Jesus estava alertando Pedro quanto a isso com um simples lava-pés.

Além disso, ao final da passagem, Ele explica que isso não torna menor o mestre, nem indigno o senhor. Existe uma grande diferença entre ser o menor e ser pequeno. O Mestre pode se fazer pequeno, mas nunca será menor, por isso. Aliás, em geral, o que mais se vê são pessoas menores querendo se fazer de grandes, e com extrema dificuldade em se doar e se fazerem pequenos, ao lado de quem pretendem servir. Os grandes, em geral, preferem passar despercebidos, embora não consigam ocultar a luz de seus atos, que resplandece como candeia sobre o alqueire.

Numa escola, o aluno – à maneira bem oriental – deve ser instruído a respeitar o seu professor. Por mais dinheiro que o aluno tenha em relação ao seu mestre, mais poder – quer seja por vias criminosas ou não – que a família do

ser o primeiro, seja vosso servo; Bem como o Filho do Homem não veio para ser servido, mas para servir, e para dar a sua vida em resgate de muitos".

aluno tenha em relação à do professor – ele deve ser lembrado que ali existe alguém que se faz pequeno para que o aluno seja grande.

Está aí, a meu ver, o valor inestimável de um mestre. Ele se aproxima do aprendiz, ao invés de pedir que o aprendiz se erga à sua altura – algo impossível. Impossível porque o discípulo é sempre menor que o mestre, ainda que o supere em conhecimentos mais tarde, pois ele só se tornou o que é em virtude dos mestres que teve. E por isso deverá manter sempre a mesma postura de respeito em relação a eles. Caso o mestre resolva parar no tempo, aí já é um direito do mestre com as suas próprias consequências. Não há como um aluno de medicina ou de qualquer área, por exemplo, depois de 30 anos de prática, saber mais do que o seu professor, com 60 anos de prática, considerando que os dois continuarão estudando e praticando ao longo deste período. É possível descer para auxiliar sem perder a consciência da própria estatura.

Já na família, é importante que o filho perceba quem é ou quem são os grandes que o servem, e deve, desde cedo, aprender a ser grato por àqueles que lhe ajudam a assumir a sua real estatura esperada, como um adulto, do ponto de vista não apenas físico, mas emocional, social, espiritual. A raça humana é dotada desta peculiaridade. A fragilidade de um recém-nascido humano torna impossível a sua sobrevivência sem que haja alguém que dele cuide, diferentemente das outras espécies animais, de uma forma geral.

Existem pais com dificuldades em se doar para os filhos, porque se sentem inferiores a eles, diante das oportunidades de desenvolvimento que eles estão tendo e que eles mesmos, no passado, não tiveram. Isso não deve acontecer. Os pais, sendo pais, são grandes, independentemente de qualquer contexto anterior.

Por outro lado, existem dinâmicas familiares em que os filhos não reconhecem a grandeza dos pais, e isso lhes é fonte de grande sofrimento, pois querem ser "pais de seus pais" e "mães de suas mães". E mães e pais que se colocam numa posição infeliz, se infantilizando, querendo ser "filhos de seus filhos" e "filhas de suas filhas". É preciso, para o sistema estar em equilíbrio, que cada um saiba assumir o seu lugar.

Em geral pais que ficam no lugar de filhos, perante os seus próprios filhos, ainda estão à procura do amor dos próprios pais, dentro de si mesmos. Têm carências emocionais não resolvidas em relação aos próprios genitores, e pedem aos filhos o impossível: que lhes deem o amor e a atenção, que acham que não receberam, de forma suficiente de seu pai ou de sua própria mãe. Neste sentido é preciso que os adultos façam um caminho de reconciliação com os próprios ancestrais, antes de quererem se nutrir do amor filial. Pois, cada amor é um tipo diferente de amor. E isso também precisa ser colocado em seu devido lugar.

Sobre o equilíbrio: entre o dar e o receber

Na passagem evangélica que inspirou esse capítulo, ele, Pedro, estava vivendo uma experiência de receber de um grande e colocado na posição do pequeno, para que, um dia, quando ele fosse o grande naquele sistema, quando metaforicamente fosse ele o lavador dos pés daqueles outros cansados e estropiados do caminho, que ele soubesse como se portar, ou seja, com humildade, espírito de serviço, e não com empáfia ou orgulho ferido. Jesus estava trabalhando no íntimo de Pedro a postura correta, íntima, da doação profunda, e não apenas da doação superficial.

Perguntemo-nos agora: quantas vezes doamos algo para alguém com necessidade, nos sentindo orgulhosos ou melhores do que aquela pessoa? Ou, ainda, contrariados por estarmos doando, ao invés de receber? Quantas vezes recebemos algo de alguém, mas nos sentimos humilhados, percebendo que a postura da pessoa que nos deu algo, não nos deixava à vontade? Quantas vezes constrangemos os outros com a nossa suposta caridade? É preciso ter cuidado nos movimentos de dar e receber para que ao dar, não tenhamos posturas de ser grandes demais, ou ao receber, nos coloquemos pequenos demais. Ou, ainda, embora queiramos demonstrar, por fora, grandeza, nos revelemos medíocres na própria doação.

Dar por fora, ainda que de pé, mas intimamente se ajoelhando e agradecendo a bênção de dar, pode ser o arquétipo fundamental da relação de ajuda que traz paz, promovendo alianças saudáveis tanto ao coração de quem dá, quanto ao coração daquele que recebe alguma oferta, ainda que pague por ela.

Nunca é tarde para aprender a dar, e nem a receber de forma reconciliada com a fonte da doação ou do recebimento. Existem muitos pais que passam a vida doando, e os filhos não registram aqueles atos como doação. Enquanto outros recebem muito pouco dos pais, quantitativamente, mas são muito gratos pelo que receberam, entendendo que foi o suficiente. Outros, passam a vida reclamando dos pais, como se tudo que eles fazem nunca seja suficiente. Essa é a síndrome da insatisfação crônica, e pode, muitas vezes, à luz das constelações familiares, ter origens em emaranhamentos inconscientes nas relações com os ancestrais.

Sobre o Pertencimento

E, por fim, o ensinamento arrematador da lição. Pedro, para fazer parte das falanges cósmicas e espirituais, que atuam em nome do Cristo – que agem como providência, nos mínimos detalhes da vida – para se identificar com este arquétipo em sua consciência profunda, deveria assumir intimamente esta postura, como a adequada para os seus movimentos no Amor ao próximo, a Deus e a si mesmo.

Sem isso, ele NÃO FARIA PARTE desse círculo sagrado de auxílio. Perguntemo-nos: -quantas vezes adotamos esta postura? Quantas vezes estamos dentro do templo, mas sentimos que ele está de fato abandonado? Quantas vezes lavamos os pés, mas gostaríamos de, na verdade, ter os nossos lavados antes? Quantas vezes tomamos parte de um culto ou reunião familiar, acadêmica ou religiosa, mas na verdade não nos sentimos irmãos daquela assembleia? Por outro lado, quantas vezes estamos excluindo aqueles recém-chegados num determinado grupo profissional, familiar, etc. com atitudes de preconceito? Nos sentindo superiores por termos mais "tempo de casa"? Essa reflexão talvez nos permita compreender com mais profundidade sistêmica a frase do Cristo que diz: "Quando o fizeres a qualquer um desses pequeninos, é a mim que o fazes" (Mateus, 10:42).

Deixaremos estas questões a serem saboreadas a contento pelo (a) leitor (a). Quando você se sentir atendido suficientemente em sua essência a respeito destas reflexões, sinta-se à vontade para seguir ao próximo capítulo! Nele, falaremos a respeito da noção de família e fraternidade cristã. Boas reflexões!

CAPÍTULO 3

Inclusão, Exclusão e Reclusão: Reflexões sobre a Família do Cristo

Jesus, entretanto, respondeu ao que lhe trouxera a informação: "Quem é minha mãe e quem são os meus irmãos?" E, estendendo a mão na direção dos discípulos, afirmou: "Eis minha mãe e meus irmãos. Pois todo aquele que faz a vontade de meu Pai que está nos céus, este é meu irmão, minha irmã e minha mãe".

(Mateus 12, 48-50)

Introdução

O mundo hoje parece estar em profunda crise existencial a respeito de seus valores morais, espirituais, de forma coletiva. Muitas religiões, menos religiosos, muita religiosidade. Muitos espiritualistas, poucos seguidores dedicados à doutrina, e muita espiritualidade.

Os homens, em meio aos contextos religiosos, reproduziram sua tara egoísta e vaidosa, ao longo dos séculos, manifestada em outros campos, tornando muitas vezes, seca a fonte de inspiração e sabedoria natural, que as correntes religiosas oferecem aos seus seguidores. Excessos de exterioridades, formalismos e pouca experiência espiritual, pouca autonomia e independência nos mergulhos do universo do divino. Excesso de padronização de experiências, por um lado, e excentricidades por outro, dificultam o diálogo, o entendimento, gerando sectarismo, fanatismo, exclusão.

Muitos reivindicam exclusividade na adoração ao sagrado, querem ser donos do pedágio que levam aos caminhos espirituais, inclusive cobrando realmente valores materiais a este respeito.

Mas o que é de fato pertencer a uma fraternidade? O que é de fato estar presente e incluso em uma determinada Ordem?

O pertencimento à "família" cristã

Durante a história, muitas ordens cristãs foram criadas, com o intuito de fazer adeptos e renovações nos seguimentos cristãos. Conhecemos, por exemplo, as ordens franciscanas, beneditinas, dentre outras.

De forma mais eclética, surgiram seitas, por um lado e por outro, sociedades, inclusive secretas, cuja iniciação era restrita, mas eivada de mística profunda de vasta conotação espiritual, como a ordem dos templários e a maçonaria, por exemplo.

De um ponto de vista cristão, o discurso de Jesus é um discurso muito atual, na medida em que é um discurso e uma prática de inclusão, embora nem sempre compreendido pelos seus adeptos.

Ao contrário do que se possa imaginar, no âmbito da exclusividade espiritual, ele explica que ainda há "ovelhas que não são deste aprisco" (João, 10:16). Isso pode nos remeter, inclusive, a cogitações amplas no campo da vida extraplanetária, por exemplo. Além disso, em alguns momentos, ele cita parábolas em que há alegria especial no céu – ou nas instâncias celestes – quando uma ovelha desgarrada retorna o rebanho, ou quando um criminoso se arrepende. (Lucas, 7:4-11). Ou seja, o criminoso, embora criminoso, não perde a sua humanidade por ter cometido um crime, e, por isso, não deve ser excluído.

Tal conceito fica ainda mais explícito na inclusão do filho pródigo, em passagem subjacente àquela da ovelha perdida acima citada. (Lucas, 15:11-32) Ou seja, o discurso de Jesus é sempre um discurso de inclusão, numa perspectiva sistêmica. Parece-nos, por isso, estar em desvio de interpretação aqueles que defendem exclusividade no trato com o divino e na relação com o sagrado do Universo.

Há, ainda, momentos em que os discípulos se mostram preocupados porque alguns estariam curando em seu nome sem, necessariamente serem discípulos diretos do Cristo. Neste sentido, Jesus os apazigua explicando que a bandeira pela qual eles trabalham é a mesma. A da Saúde e da Paz para a Humanidade. (Marcos 9:38-40). E para deixar a lição ainda mais clara, arremata: "todo aquele que der um copo de água em Meu Nome não deixará de receber a sua recompensa". (Mc, 9:37)

Em outras passagens, inclui as crianças, orientando que elas devem ser recebidas pelos adultos, e que elas são um modelo a ser seguido por aqueles que querem se humilhar para a entrada nos reinos celestes. (Marcos, 9:35-37 e Lc, 18:16).

Passagens de Jesus com as mulheres, já naquela época, são expressões paradigmáticas de um discurso de inclusão. Dentre as quais citam-se o diálogo – à época inconcebível – com a mulher samaritana, o seu posicionamento com relação à mulher adúltera, incluindo os adúlteros, na reflexão sobre a dinâmica do preconceito, da exclusão, do machismo e da violência, e o seu pedido à João, para que ficasse como filho de sua mãe Maria, e vice-versa.

O dar e receber: ser buraco negro ou ser sol? Reflexões para a saúde mental

Existem filósofos, como Aristóteles, por exemplo, que acreditam que no Universo tudo tende à perfeição. Este conceito, na área da Saúde, se vê bem espelhado na proposta de individuação cunhada pelo psiquiatra Carl Gustav Jung, na qual ele defende a hipótese de uma teleologia para a psiquê. Ou seja, a ideia de que a consciência tem um fim para a sua existência, de que a sua existência no mundo não deve ser atribuída ao acaso, como uma manifestação aleatória. Na

Homeopatia, observamos Samuel Hahnemann ocupado em cunhar um corpo conceitual e prático, que ajudasse as pessoas a alcançarem o mais alto fim para as suas existências.

Numa metáfora, uma vida bem vivida faz com que o eu profundo se torne fada, no campo feminino e príncipe, no universo masculino; enquanto que uma vida destituída de sentido nos deixa o arquétipo da bruxa e do sapo, respectivamente, como resposta amarga à nossa omissão e descompromisso, com o sentido em relação à nossa própria vida.

Numa perspectiva cristã e sistêmica, dar e receber devem estar incluídos desde que o dar e o receber estejam em harmonia com os fluxos da sabedoria universal. Aquele que dá, em nome dessa ideia, e o que recebe, vinculado a esta harmonia, trabalha para a evolução coletiva, o bem-estar do todo e o seu próprio bem-estar.

Neste sentido não podemos deixar de citar uma metáfora que muito nos auxilia a compreender a dinâmica entre o egoísmo e o egocentrismo. Tal reflexão, inicialmente proposta por Pietro Ubaldi (Deus e o Universo) pode ser compreendida através da diferença do simbolismo entre o buraco negro e o sol. Vejamos o texto a seguir:

Nos primeiros capítulos da Obra Deus e Universo, o filósofo e místico contemporâneo Pietro Ubaldi nos dá mostras de muita sabedoria ao refletir sobre a diferença entre dois termos. São eles o Egoísmo e o Egocentrismo. No senso comum, pessoas tidas como egocêntricas, muitas vezes, são consideradas também egoístas.

Mas, na perspectiva deste filósofo, com quem concordamos neste e em inúmeros outros aspectos, essas duas características não são similares. Antes mesmo, são opostas. Usaremos aqui a metáfora do Sol e do Buraco Negro, para melhor traduzir esta ideia.

Na organização cósmica, o Buraco Negro assume função invaginadora, absorvente, como um grande buraco que atrai a luz e a elimina, devido à enorme força de seu campo de atração. O sistema assim chamado de "Buraco Negro", metaforicamente, teria a função Egoística, ou seja, de querer e atrair tudo para si, tornando, desta forma, o ambiente escuro, escondendo, sobretudo, a própria luz e a que lhe está em torno, tamanha a sua capacidade de ser egoísta.

O Sol, apesar de também ter uma grande capacidade de atração, ao contrário de atrair tudo para si tudo, também irradia. Ou seja, ele consegue manter os planetas em órbita, em torno dele, e ser o sustento para aqueles outros sistemas que estão a ele submetidos.

Em seu raio de atração, enquanto que gravitacionalmente vinculados ao Sol, os planetas se beneficiam de sua presença, na medida em que ele ali é o principal e único provedor direto.

Neste sentido, o Sol poderia representar a imagem do Egocentrismo.

Se de um lado, o Buraco Negro quer tudo para si, e impede a manifestação da Vida por tudo atrair para ele, inclusive a luz que lhe circunscreve, o Sol consegue manter o equilíbrio entre o "DAR e o RECEBER", Lei que nos parece também natural, e inclusive, averiguada pelos trabalhos de Bert Hellinger, no desenvolvimento da teoria e no campo prático das Constelações Familiares.

Nas empresas e organizações, acreditamos haver, sinteticamente, de certa forma, estes dois tipos de liderança e de gestão.

Também no campo das famílias, observamos pessoas com uma tendência mais forte para se impregnar do padrão de Buraco Negro, e outras, de Sol.

Desta forma, de acordo com nossa prática, observamos que pessoas com um comportamento mais alinhado com o padrão do Sol, tendem a irradiar mais saúde, serem mais bem resolvidas e conseguir assumir melhor o seu papel na sociedade.

Um pai mais bem centrado, ciente de seus afazeres e responsabilidades, consegue assumir uma postura de mais equilíbrio na gerência da casa e de seus pequenos conflitos diários. Assim, como a mãe, bem egocentrada, seja capaz de definir bem seu papel, sabendo equilibrar o que dá, ou seja, o que irradia, mas sem deixar de pedir em troca dos filhos, no mecanismo da educação diária, os comportamentos que lhes valha o merecimento para a concessão tão sonhada da crescente liberdade, como símbolo da autêntica autonomia.

Numa empresa, um chefe ciente de seu papel, adquirido por seu próprio mérito, sabe melhor sobre a extensão de sua força de atração e irradiação. E, por isso, recebe, de forma mais natural, o respeito e o reconhecimento de seus subordinados e pares.

Por outro lado, muitas vezes isso também acontece, quando assume um cargo de relevo, alguém colocado ali por "peixada". Ainda que seja muito competente, essa pessoa pode não ser de pronto reconhecida, e, ao contrário do que se espera, não ter a devida capacidade de irradiação e atração para aquele sistema, corrompendo então, o seu equilíbrio. Neste sentido, pode assumir posturas de "buraco negro", querendo todas as responsabilidades para si e oferecendo pouco em troca, dificultando o crescimento de terceiros, devido à fragilidade que assume em relação à sua função. Podem, nesse caso, tais pessoas, em tais contextos, portanto, tornar-se egoístas. Isso acontece também nos partidos políticos, etc.

Após essa breve reflexão, que não deixa de ser um convite à consulta mais detalhada às obras deste eminente filósofo, gostaríamos de frisar que o Egoísmo e o Egocentrismo são, a nosso ver, comportamentos e tendências do indivíduo, e que, por isso, cabíveis de ensaios, aprendizados e modificações, visando a sua melhor adaptação ao meio em que vive.

Assim, como dito anteriormente, observamos que há maior tendência em pessoas egocentradas, que assumem a devida responsabilidade sobre o sistema em que estão colocadas, serem mais bem resolvidas e expressarem maior quociente, em nossa avaliação subjetiva, de saúde mental. Já as pessoas mais inseguras e incertas sobre o papel nos sistemas em que estão inseridas, tenderem a se manifestar de forma mais desequilibrada, e de certa forma, adoecerem mais psiquicamente, devido a estes e outros quesitos, comportando-se de forma mais egoísta.

Convidamos o(a) leitor(a), então, à reflexão sincera sobre si mesmo(a): Em qual ou quais sistemas você está inserido(a)? E nestes sistemas, tem assumido uma postura mais egocentrada ou egoísta? Tem sido mais um Sol, que tenta equilibrar as forças, atraindo, sem deixar de irradiar? Ou um Buraco Negro, querendo atrair tudo para si e sem deixar que a luz que se apresenta ao seu lado, sem ser a sua, também se expresse? Tem sido um(a) engolidor(a) das luzes alheias ou um(a) promotor(a) da Vida ao seu redor?

A Ordem e o Reino Angelical

Preparando o(a) leitor(a) para o próximo capítulo, parece-nos que Jesus, ao longo de seus ensinamentos, deixa, no Evangelho, algumas mensagens que apontam para o fato de haver um outro reino para além do Reino Humano.

Há um momento em que Ele diz: “O meu Reino não é deste mundo” (João, 18:36). Em outras passagens, com

João Batista, deixa claro que entre os homens Ele é o maior, mas que em seu reino Ele seria menor que os menores de lá. Fala, pois, como se João Batista se colocasse como um elemento de transição entre o Reino Humano e um Reino Angelical, talvez. (Lucas, 7:28).

Desta forma, ao falar de uma estrutura de reinado, o que fica implícito é a possibilidade de uma hierarquia subjacente. Ou seja, há os maiores e os menores também no Reino de Deus. Isso ajuda os discípulos, e também os apóstolos a compreenderem porque, por exemplo, Jesus era capaz, por um lado, de expulsar demônios que os apóstolos não conseguiam (Marcos, 9:29) – apontando para elementos de autoridade moral, que seriam frutos do jejum e da oração – atribuições espirituais pouco comuns entre os homens, de forma geral, enquanto emblemas simbólicos do autocontrole e da conexão cósmica com a vida. E por outro lado, Jesus não os desanima, demonstrando que eles poderiam fazer tudo o que Ele fazia e muito mais, se tivessem fé n'Ele. (João 14:12).

Ao mesmo tempo alerta os discípulos – que discutiam qual deles seria o maior entre os discípulos do Cristo – contra as ilusões do sistema de um mundo paradoxalmente invertido. Pedindo para que eles saibam se posicionar à luz dos valores espirituais e morais de seu Reino, e não de acordo com as convenções meramente humanas: "Pois aquele que quiser ser o maior, que seja o servo de todos". (Mateus, 20:26)

Em famílias, escolas e empresas encontram-se, não raro, graves problemas de corrupção da ordem e de desrespeito à hierarquia. Falaremos um pouco mais detidamente sobre este assunto no capítulo seguinte.

CAPÍTULO 4

Entre João Batista e Jesus: Da Ordem do Pertencimento ao Pertencimento à Ordem!

É necessário que ele cresça e que eu diminua. João, o Batista

(João, 3:30)

Introdução

As questões relativas ao poder em geral estão ligadas a competência, como caminho para a autoridade, o reconhecimento e o respeito. Num sistema religioso existem várias questões relativas à obediência que são muitas vezes descumpridas, quer numa dinâmica temporal, quer numa dinâmica atemporal.

A Reforma Protestante, por exemplo, foi um exemplo histórico do questionamento da autoridade papal, dentre outras coisas, quando a Igreja Católica havia estabelecido que apenas um homem, o Papa, seria capaz de ser a ponte – o sumo pontífice – entre a Terra e o Céu.

Diferentes ordens religiosas, como empresas, estabelecem seus valores norteadores, e os que se propõem a nela entrar devem se submeter àqueles valores. Há, naturalmente, os valores explícitos, que definem a cultura organizacional, e os valores implícitos, que definem o clima organizacional.

Numa família não é diferente. Pergunto ao leitor(a): quais os valores – implícitos e explícitos – seus, individuais, de sua família, de sua empresa? Você já parou para pensar nisso? Escreva isso num papel e reflita a respeito das possíveis diferenças e semelhanças que possam surgir a respeito destes diferentes domínios.

No caso de religiosos, por exemplo, as ordens estabelecem alguns valores fundamentais, embora como doutrina geral tenham o Evangelho do Cristo como referência. Daí algumas diferenças entre as ordens beneditinas, franciscanas, etc. Uma empresa tenta deixar claro seu corpo de missão, valores e visão para os seus funcionários e clientes, favorecendo a criação de uma mentalidade coletiva, a fim de que ela alcance mais facilmente as suas metas.

Em momentos de impasse, esses valores cardeais que serão os norteadores na resolução dos problemas internos ou na relação com os clientes, por exemplo.

O Batismo e o seu papel arquetípico

Uma das formas de ser iniciado em uma determinada ordem, seita ou religião, se dá através do Batismo.

De certa forma, isso acontece também nas empresas, no mundo coorporativo. As pessoas se submetem a estágios probatórios, onde suas habilidades, competências, aptidões são testadas, favorecendo ou não a sua permanência naquele setor ou mesmo dentro de uma determinada instituição.

Nas tribos primitivas havia o que os antropólogos chamam de ritos de passagem, que são os marcos que determinam, por exemplo, a transição da fase jovem para a fase adulta, em que um adolescente indígena, por exemplo, passa a ser considerado um guerreiro. Um exemplo deste processo é a necessidade dele ficar dias, sozinho na floresta, caçando e só ser considerado apto, quando voltar com um determinado animal abatido, em suas costas. É como se ele estivesse pronto para alimentar a sua futura prole e cuidar da tribo de que faz parte.

Na sociedade moderna um dos ritos de passagem para a vida adulta, por exemplo, pode ser o primeiro emprego, ou a aprovação em um concurso vestibular.

O *bullying ou o "trote"* muitas vezes se apresenta como uma forma distorcida de aceitação em um grupo, quase ou totalmente perversa. Os mais velhos ou mais fortes em um determinado sistema aceitam os mais novos, mas nas condições de jocosidade e discriminação. Isso cria uma cultura de desprezo pelo mais novo, que acaba querendo descontar os males sofridos, quando for a sua vez de ser o mais velho.

Esse padrão foi observado e ainda está presente em muitos núcleos de convivência de jovens, por exemplo, nas repúblicas universitárias de cidades históricas, e em alguns meios universitários.

Alguns desfechos trágicos já ocorreram, devido a exageros associados a estes mecanismos de aceitação do novo. Dentre estes desfechos citam-se mortes, assassinatos e suicídios e desencadeamentos de transtornos mentais, em indivíduos predispostos, tais como surtos psicóticos e quadros depressivos graves, após uso forçado de certas substâncias ou vivências de experiências de abuso sexual, por exemplo.

Da espiritualidade da iniciação à iniciação da espiritualidade: o caso de João Batista e Jesus

> Então veio Jesus da Galileia ter com João, junto do Jordão, para ser batizado por ele. Mas João opunha-se-lhe, dizendo: Eu careço de ser batizado por ti, e vens tu a mim? Jesus, porém, respondendo, disse-lhe: Deixa por agora, porque assim nos convém cumprir toda a justiça. Então ele o permitiu. E, sendo Jesus batizado, saiu logo da água, e eis que se lhe abriram os céus, e viu o Espírito de Deus descendo como pomba e vindo sobre ele. E eis que uma voz dos céus dizia: Este é o meu Filho amado, em quem me comprazo. (Mateus, 3: 13-17)

Interessante o processo que ocorre nesta passagem. João, sendo por muitos considerado grande, na presença do

Cristo, se reconhece pequeno. Jesus, mesmo sabendo ser maior, não abre mão de ser batizado pelo primo, compreendendo que cumpre ali quesitos de Ordem, de hierarquia.

Eis uma lição dupla de humildade vinculada às leis de Pertencimento e de Ordem, na perspectiva de Bert Hellinger. O grande, mais novo, se submete ao batismo, ainda que seja maior do que quem o batiza. Por sua vez, João, que o batiza, reconhece a sua pequenez diante do Mestre, mas não se recusa a batizá-lo. Cada um cumprindo bem o seu papel no sistema.

Em empresas, de uma forma geral, muitos problemas acontecem devido ao desrespeito a esta dinâmica. Ou seja, os mais velhos, podem apresentar dificuldade em aceitar os mais novos, sentindo-se ameaçados. E, realmente, muitas vezes, o potencial de realização dos que chegam é muito maior do que os que já estavam no setor. E, por outro lado, os que chegam, muitas vezes, não respeitam a sabedoria dos mais velhos, menosprezando a sua experiência e querendo passar por cima da cultura institucional de uma vez, causando conflitos desnecessários.

Tudo é uma questão de Ordem. Quem chegou primeiro, merece respeito e consideração, embora o potencial de quem chega depois possa ser muito maior. Quem chega depois merece o seu espaço, mas não deve deixar de trabalhar em colaboração ou com o consentimento dos "mais velhos", até que seu espaço seja respeitado e a sua competência reconhecida para realizar as atividades a que se propõe. Romper com as estruturas não é uma estratégia que costuma dar certo, embora algumas vezes isso acabe sendo necessário. Pois, muitas vezes, o problema está em os mais velhos não estarem preparados para a inovação. Muitas vezes funciona a estratégia de, num primeiro momento, mostrar que sabe fazer o "feijão com o arroz", para depois querer se aventurar nas sofisticações da "sobremesa". Um filme bem interessante e ilustrativo, que os pais podem assistir com os filhos, demonstra como as crianças devem ser ouvidas e como a juventude pode ser canal da renovação coletiva e dos conceitos vigentes, com todas as dificuldades dos "mais velhos" reconhecerem isso. O título do filme é "Como treinar o seu dragão" (2010). Além desta sugestão, o(a) leitor(a) poderá encontrar mais referências cinematográficas, ao final deste volume, que tocam o universo que aqui está sendo abordado.

A psicologia profunda: entre o ego e o self

Se pudermos metaforizar a experiência humana entre as necessidades do ego, para a vida exterior, e as necessidades do self, para a vida interior, poderíamos dizer que João Batista poderia representar o homem disciplinado em seu ego, moderando os seus desejos e necessidades com disciplinas austeras – comendo mel e gafanhoto, ou seja, carboidrato e proteína, essencialmente – para favorecer as manifestações do Cristo interno, de seu "eu profundo", ou "self".

Um Ego que se apresenta muito cheio de necessidades ou vaidades pode dificultar os "caminhos do Senhor" no psiquismo humano. Isso quer dizer, as ilusões ególatras dificultam o caminho de individuação do self, criando obstáculos muitas vezes desnecessários para as manifestações mais altas daquele espírito.

"É necessário que eu diminua para que Ele cresça" pode ser uma boa forma de reflexão, favorecendo os caminhos da individuação na humanidade perdida. Permita-se perguntar, caro(a) leitor(a): Quais as suas necessidades são mesmo reais? Quais são aquelas que embora consideradas prioritárias são, na verdade, secundárias e impedem que você esteja alcançando os mais altos fins de sua existência, em busca do bem comum e do seu próprio bem?

CAPÍTULO 5

Vocação e Pertencimento: O chamado dos primeiros discípulos

No mesmo instante, eles deixaram
as suas redes e o seguiram.
(Mateus 4:20)

Introdução

Gostaríamos de iniciar este capítulo com a passagem que inspira este capítulo:

> Andando à beira do mar da Galileia, Jesus viu dois irmãos: Simão, chamado Pedro, e seu irmão André. Eles estavam lançando redes ao mar, pois eram pescadores. E disse Jesus: "Sigam-me, e eu os farei pescadores de homens". No mesmo instante, eles deixaram as suas redes e o seguiram. Indo adiante, viu outros dois irmãos: Tiago, filho de Zebedeu, e João, seu irmão. Eles estavam num barco com seu pai, Zebedeu, preparando as suas redes. Jesus os chamou, e eles, deixando imediatamente seu pai e o barco, o seguiram. (Mateus, 4: 18-25)

Constelação, vocação e trabalho: escolhas a serviço da vida

Vocação é uma palavra de origem latina, que pode significar chamamento, escolha, predestinação. Ou ainda, inclinação, predisposição ou tendência a determinado ofício ou profissão.

Muitas pessoas escolhem um caminho profissional, ou mesmo espiritual, em tenra idade, e, em determinada altura do "campeonato da vida" se veem confusas e dispostas a mudar totalmente a carreira e os valores morais ou espirituais, porque não são mais as mesmas pessoas, quando escolheram uma determinada profissão, ofício ou religião.

Muitas vezes se veem esgotadas fisicamente, em outros casos psicologicamente, ou ainda, veem o sentido daquilo que fazem se esgotar, diante das mudanças de valores primordiais por que passam ao longo de sua existência.

Umas das questões, que o fragmento destacado neste capítulo enfatiza, é a capacidade da pessoa ser capaz de, em alguns casos, sublimar o que faz, mantendo a atividade, que passa a ser realizada num outro nível, como Pedro – manteve-se pescador, mas com outro nível espiritual – e, em outros casos, abandonar toda a rede e suporte familiar, a vocação de negócios da família para seguir um caminho completamente novo e inusitado, casos de Thiago e João.

A biografia de Francisco de Assis, por exemplo, revela um jovem filho de uma família rica, envolvida com o negócio de tecidos, e ele abriu mão de tudo para fazer um caminho de coerência.

Autonomia, autenticidade e pertencimento

Muitos jovens fazem escolhas profissionais e espirituais visando continuar pertencendo ao seu clã familiar. Temem ser vistos como traidores dos negócios da família, mas acabam se sentindo infelizes, tristes no futuro, por acreditarem não ter feito um caminho autêntico. Mas sempre é tempo.

Outros guardam fidelidade ao próprio talento, acreditando que só podem ser felizes fazendo aquilo para que têm total aptidão, mas nem sempre é assim. Existem pessoas que não são excelentes no que fazem, mas, o seu interesse, pela área que abraçam, as tornam pessoas de referência, respeitáveis, nas tarefas que abraçam.

Muitas vezes, as escolhas sofrem um forte viés, por parte dos pais ou familiares próximos, e a escolha profissional e espiritual é feita baseada nas crenças limitantes dos pais. Pois muitos pais escolhem para os filhos as melhores profissões e religiões de seu tempo. Costumo dizer em outros textos: qual avó da década de 30 imaginava que a neta poderia ter uma loja virtual, que vendesse sapatos sem endereço fixo? Ou que o neto teria um sebo onde venderia livros digitais, sem que as pessoas saíssem de casa, para comprar ou precisassem pegar em papéis para ler?

É preciso se permitir atualizar, inclusive com relação às novas possibilidades da tecnologia e espiritualidade, bem como quanto às novas formas de organização social, que geram como possibilidades de trabalho, legado, sobrevivência e realização pessoal, opções altamente inovadoras, embora sem perder o contato com o essencial.

Pois há redes e redes

Acredito que essa seja uma das metáforas mais poderosas deste trecho. Quantas vezes precisamos abandonar o nosso barco, no bom sentido? Mudar as nossas redes sociais? Os nossos núcleos de convivência, para conseguir voos mais altos?

Quantas vezes, ao invés de serem o nosso meio de sobrevivência, as redes são na verdade teias que nos impedem de voar?

Ao mesmo tempo, é preciso sair reconciliado com elas. Muitos jovens acham que para romper com os padrões familiares precisam ser violentos com os pais. E, por outro lado, muitos pais entendem que seja violência o rompimento dos filhos, em busca de suas próprias redes, seus próprios barcos e mares a navegar. Não é bem assim.

Não é raro que no começo haja tensão, quando o filho se posiciona de forma mais decidida, mas depois as coisas tendem a se acalmar.

No caso de casais, processos de separação ocorrem como se sempre fossem danosos. As pessoas se esquecem que separar é verbo, que cabe um advérbio a seguir. Por exemplo. Pode-se separar bem ou se separar mal, de alguém, de uma família, de uma empresa, etc. O caminho para uma separação saudável é a reconciliação interior do sujeito, que sai com aqueles que ficam se atribuindo sentimentos de gratidão e reverência por tudo aquilo que aquele contexto lhe permitiu aprender, por mais duras que tenham sido aquelas lições. Sair brigado é um dos caminhos que vejo pessoas escolherem para, logo a seguir, repetirem completamente ou quase – os mesmos padrões de comportamento ou pior em relação àqueles que criticavam anteriormente e que "justificaram" a saída daquele contexto.

A ilusão do pertencimento: o perigo das redes sociais virtuais

Não há dúvida que as redes sociais proveem um nível de interação muito rápido, entre as pessoas. O que não significa que essa interação seja autêntica, sincera, ou mesmo, destituída de superficialidade. Rapidez e consistência não são sinônimos. E que isso fique claro.

Não se pode deixar de observar esse fenômeno, fácil de exclusão ou inclusão, de alguém de seus círculos, que a rede social promove, inclusive sem a própria pessoa excluída saber. Ao mesmo tempo, ser aceito como "contato" ou "amigo" de alguém não significa que você tenha sido incluído. Ser incluído e ser aceito podem representar também coisas diferentes. Podemos até fazer parte, sem, na verdade, ainda ter sido aceitos, e vice-versa.

Reflexões finais

Gostaria de propor ao leitor(a) que pense sobre as suas redes emocionais. Em quais emoções tem navegado? Sobre suas redes mentais? Em quais pensamentos tem ficado mais fixado ou "enredado"? Quais as redes de pessoas que lhe sustentam os passos? De quais redes realmente você quer fazer parte? De quais redes você quer se ver livre, saudavelmente, protegidamente, agradecidamente? Se permita pensar, quando quiser, a este respeito e fazer as escolhas que a curto, médio ou longo prazo estarão certamente definindo a sua própria existência.

CAPÍTULO 6

José e Maria: Casamento, Intuição e Comprometimento sistêmico

Disse então Maria: Eis aqui a serva do Senhor.
Cumpra-se em mim segundo a tua palavra. Maria
(Lucas, 1:38)

Introdução

De acordo com Carl Gustav Jung, psiquiatra fundador da Psicologia Analítica, existem 4 tipos psicológicos que se dividem em 2 subtipos, a saber: os tipos da Intuição, da Sensopercepção, do Sentimento e do Pensamento. E cada um desses tipos pode ter uma característica introvertida ou extrovertida.

Se aplicarmos estes arquétipos ao funcionamento do par mente-cérebro, observaremos que existem pessoas que usam mais os aspectos intuitivos, enquanto outras, os aspectos mais racionais, outras os circuitos mais emocionais e outras os aspectos motores e sensitivos das possibilidades mentais.

Da tipologia dos indivíduos à tipologia dos casais

Se aplicarmos esta mesma tipologia individual à tipologia dos casais, observaremos uma gama de variações muito grande. Uma delas, é a possibilidade de o casal apresentar mais aptidão para as experiências espirituais, intuitivas, sistêmicas. Acredito que José e Maria se encaixem neste perfil, de certa forma.

Existem passagens no Evangelho que nos impressionam pela mensagem de fé e de conexão, que portam, quando se referem a estes dois emblemáticos personagens da história cristã.

Muitos pontos poderiam ser levantados para discussão. Porém, queríamos destacar dois, neste capítulo. O primeiro, referente a José, e o segundo, referente à Maria.

José e o sonho com o anjo: uma constelação para preservar a vida

> E, tendo eles se retirado, eis que o anjo do Senhor apareceu a José num sonho, dizendo: Levanta-te, e toma o menino e sua mãe, e foge para o Egito, e demora-te lá até que eu te diga; porque Herodes há de procurar o menino para o matar. (Mateus 2, 13)

Segundo os trabalhos de Maslow, estudando as necessidades humanas, os homens trabalham para atender em primeiro lugar suas necessidades mais básicas de sobrevivência, para, em seguida, irem galgando satisfação na realização de seus relacionamentos, amizades, autoestima, até conquistarem a esfera do seu legado para a Humanidade.

Há outros estudiosos, que comentam que essas necessidades não são hierarquizadas, podendo ser atendidas de forma não linear.

Em geral, num lar, o homem se preocupa em prover bem sua prole e sua esposa – e, para isso, pode ou não contar com a colaboração da mesma. Antigamente, a mulher ficava mais em casa com os filhos e o homem saia para conseguir os recursos para o bem-estar do lar. Cada vez mais, a mulher tem participado deste contexto, saindo também do lar para atender as necessidades materiais da família. Mas, antigamente, não era assim. Rezam as tradições, que José era um carpinteiro, e que Maria cuidava dos afazeres do lar.

Imaginemos hoje, como não é simples mudar de casa, de apartamento, ainda que se tenha emprego garantido, em outro lugar. José era carpinteiro, ele precisava de ter uma clientela, e, mesmo assim, após ter ouvido o seu chamado no sonho, deixou tudo para trás, a fim de salvar a vida do menino Jesus, salvar o seu legado. Às vezes, a vida pode nos pedir isso. Comprometer todas as necessidades mais básicas para preservar o legado, o Cristo de cada um, de cada família, etc.

Essa é uma bela história de fé e confiança nas manifestações do inconsciente coletivo através do sonho. Para ele aquela experiência onírica, com um anjo lhe avisando para ir embora, fez todo o sentido. E ele foi. E ficou lá até que a Vida, fonte de sabedoria, se manifestasse novamente, dizendo que ele poderia retornar à sua cidade natal em segurança. O sonho, parece, foi o processo que lhe ajudou a constelar o sentido das duas cidades em sua vida, apontando para qual cidade ele deveria ir, focado sempre no essencial, a sobrevivência do Cristo, no seio de sua casa.

Simbolicamente, às vezes precisamos estar atentos para estes movimentos. Mudanças desfavoráveis num primeiro momento, de casa, de cidade, de empresa, de escola, podem representar derrota e perda de tempo. Porém, o futuro pode revelar que, na verdade, aquelas experiências foram fundamentais, para se preservar e preparar o indivíduo, ou sua família, etc., num contexto mais amplo, sistêmico, portanto, para as experiências futuras, abrindo novos campos de possibilidade de crescimento e realização para o todo.

O caso de Maria: "a fonte não precisa perguntar pelo caminho"

Tomamos o nome de uma das obras de Bert Hellinger, para expressar a síntese do nosso pensamento a respeito de Maria. Quando o anjo aparece para ela, na famosa "Anunciação", ela se resigna ao chamado da Vida, curvando-se ante a Vontade do Sublime, do Sagrado e colocando-se a serviço desse movimento espiritual, que mudou a face do planeta Terra.

Muitas vezes, precisamos constelar dentro de nós mesmos as experiências do sentimento, da razão, de nossas sensações e intuições e avaliar qual delas é mais importante naquele contexto.

Maria teve uma visão de um anjo, e conciliou todas as suas possibilidades mentais a fim de se posicionar diante daquele novo campo que se abria para a sua vida. Percebeu um anjo, usando suas potências intuitivas e sensoperceptivas, e integralizou a sua experiência, demonstrando suas possibilidades de raciocinar e sentir num nível sistêmico, submetendo-se àquilo que a vida reservava para ela, sem pestanejar: "Eis aqui a serva do Senhor, faça-se em mim segundo a sua palavra" (Lucas, 1:13)

Algumas causas da desmotivação no casamento

Dentre inúmeros fatores, uma das causas que observamos em nosso dia a dia, no consultório, é a desmotivação dos casais fixados, excessivamente, em uma das quatro funções psíquicas propostas por Jung.

Há aqueles casais, excessivamente voltados para os interesses da Sensopercepção. Viajam para todos os lugares do mundo, menos para dentro de si mesmos. Querem experimentar a culinária de todos os lugares, mas não se experimentam um ao outro, no doce, no amargo, no azedo, no salgado e no ácido. Querem sempre o mais belo um do outro, e constroem artificialmente, em si, os mais detalhados padrões de beleza, mas negam as feiuras e as sombras naturais, que carregam dentro de si. Exploram todas as possibilidades dos prazeres sexuais, e ainda não conseguem se sentir amados(as).

Há, ainda, os casais excessivamente racionais; são os "acadêmicos", "pesquisadores", falam muitos idiomas, menos a linguagem do coração. Competem entre si e não gostam de ter um título a menos o u uma habilidade a menos, que o seu companheiro. Sofrem com o aumento salarial ou a promoção que o outro recebe. Não compartilham sonhos, apenas despesas e ideias. Sofrem pela exaustão do raciocínio, e não se permitem sentir.

Há aqueles que só querem saber de rezar. Homens e mulheres, que acabam por ser sexualmente traídos(as) ou abandonados(as) e que reclamam sem perceber que se dedicam excessivamente à igreja ou "às causas nobres" e esquecem de dar atenção, inclusive sexual, a(o) cônjuge. Esquecem do valor de uma massagem, de um perfume, de um jantar à luz de velas. De uma roupa mais bonita, em um dia especial. De um presente em uma data não especial. Pensam excessivamente nos outros ou na "felicidade futura" e esquecem de cuidar deles(as) mesmos(as).

E, por fim, aqueles casais excessivamente sentimentais, ciumentos, possessivos. Não conseguem abrir mão, para que o cônjuge tenha seus projetos individuais, seus sonhos, seus desejos. Não respeitam as individualidades recíprocas, e não compreendem com facilidade que existem sim, diferenças, embora haja a união. Esses casais sofrem com os excessos das combustões emocionais, que geram muitas vezes explosão, sem gerar calor e acolhimento. Tomam decisões apaixonadas e intempestivas, comprometendo as plataformas de uma convivência mais sólida. Diante do que sentem, esquecem de raciocinar.

Reflexões finais

Talvez o(a) leitor(a) já tenha percorrido os caminhos das reflexões propostas por este capítulo. Como disse na apresentação deste livro, estamos dispostos a reafirmar muitas coisas que já são sabidas, mas que podem estar adormecidas, debaixo de uma considerável poeira, nos baús da memória.

Não há dúvida, que precisamos usar todas as nossas funções psíquicas, constelando todas elas e escolher qual deve ser a mais importante, diante de uma determinada experiência, como indivíduos, como casais, como família, como instituição. Neste capítulo, grifamos a importância de se dar "ouvidos" à intuição, sem desprezar as outras funções de nosso psiquismo, na perspectiva de Jung.

Assim, após este pequeno percurso em que se apresentam as possibilidades do uso da intuição, para atender aos interesses do Campo da Vida, com lições implícitas de desprendimento, abnegação, renúncia, humildade e obediência, o(a) leitor(a) pode querer se perguntar: Como andam as minhas potências intuitivas? Como tenho usado as potências do sentimento? Da razão? E da sensaçãopercepção em minha vida em benefício dos outros e de mim mesmo?

A desconexão com estes fluxos pode gerar grandes sofrimentos ao indivíduo, sobretudo quando ele se fixa, por exemplo, a uma das funções psíquicas sem integralizar as outras. O desfecho último desta desconexão com a vida é a possibilidade de conexão com a morte, em seu desfecho mais trágico: o suicídio. Estudaremos o caso de Judas no próximo capítulo, e como a constelação familiar pode ajudar a prevenir tais dinâmicas de adoecimento e tentativas de autoextermínio, pelo ser vivente.

CAPÍTULO 7

Judas e o Suicídio: Uma perspectiva sistêmica

Aquele que comeu juntamente comigo, do mesmo prato, este é o que vai me trair.

(Mateus, 26:23)

Introdução

Dados da Organização Mundial de Saúde apontam para a estatística alarmante de que, aproximadamente, 1 milhão de pessoas, por ano, no mundo, cometem suicídio. Isso equivale a dizer que a cada 40 segundos aproximadamente alguém morre por esta causa em nosso planeta. Isso é maior que as causas de homicídio e mortes causadas por guerra somadas.

No Brasil, em torno de 30 pessoas por dia morrem por suicídio, colocando o país no 8° lugar no ranking de mortalidade por esta causa.

Sobre as causas e fatores de risco e proteção contra o suicídio

As pesquisas apontam para vários elementos que formam as redes complexas da etiologia para o suicídio. Dentre esses fatores estariam elementos genéticos, ambientais, psicológicos, sociais e espirituais.

Dentre os fatores de risco, por exemplo, estariam: a pessoa estar desempregada, solteira, ser do sexo masculino, ser portadora de algum transtorno mental, dentre outros.

Dentre os fatores de proteção, podem ser citados: estar casado, ter filhos em casa, ter uma religião, dentre outros.

A pergunta que podemos nos fazer é: existe alguma relação entre o suicídio e as constelações familiares? A nossa experiência pode dizer que sim.

Poderíamos citar casos, que atendemos, em que parecia haver uma dinâmica familiar envolvida em suicídios recorrentes em uma família de imigrantes, por exemplo. A jovem, sem motivo aparente, apenas com 14 anos, queria suicidar, e quando falamos dessas possibilidades de entendimento sistêmico para ela, ela pareceu se apaziguar bastante, já que havia vários episódios de suicídios não comentados, em sua própria família. De acordo com as leis de Amor propostas por Bert Hellinger, podemos, então, propor causas relacionadas a cada uma delas. Iremos detalhar melhor isso, a seguir.

O suicídio e a Ordem

Muitos casos de suicídio ocorrem através de dinâmicas complexas de desrespeito à Ordem, quer por abuso dos grandes, quer por insolência dos pequenos, num determinado sistema.

Não são desprezíveis situações em que a juventude se suicida em contextos de muita opressão, por exemplo. Certa vez, fiquei sabendo de um jovem, que teria se suicidado após ter passado em um vestibular de medicina por pressão dos pais. Eu, particularmente, não conhecia o caso. Porém, sem dar mais detalhes da situação para preservar o contexto dos pais, na medida em que esse é um fato geral, iremos utilizá-lo como forma de edificar-nos a respeito dos conceitos que estamos trazendo neste volume, preservando a integridade do caso em si. Claro que, não sabemos ao certo, se era esse o real motivo. Ele poderia ser portador de algum distúrbio mental, por exemplo. E, também, não acredito que devamos culpar os pais, por isso, afinal de contas todos nós podemos escolher, em última análise, se iremos ou não prestar vestibular para algum curso, e, sobretudo, se iremos suicidar ou não. E mesmo que a escolha não tenha sido feita por este jovem, nada o impediria de não ir às aulas, por exemplo, ou encontrar outras formas menos trágicas de expressar a sua indignação. Francisco de Assis, segundo os seus biógrafos, foi um exemplo típico do jovem que bancou a sua decisão e abandonou a situação confortável, que seu pai lhe oferecia, se quisesse ser comerciante e herdar as suas atividades. É preciso, às vezes, mais coragem para viver, do que para se matar.

De toda forma, um dos aprendizados que fica desta história, a meu ver, para todos os pais, é o cuidado que eles devem ter em promover a autonomia dos filhos, sem serem autoritários. Autoridade é diferente. Não existe possibilidade de os pais escolherem a vida dos filhos, até porque quem vai vivê-la é o filho. E não há como o filho dizer que as más escolhas foram feitas pelos pais, pois, afinal de contas, quem escolhe a vida dele, é ele mesmo. Os filhos acabam retornando com os seus fracassos, quando não fazem escolhas autênticas. Muitas vezes os filhos podem voltar com os seus fracassos, mesmo tendo feito escolhas autênticas, mas o brilho no olhar neste segundo caso costuma estar mais bem preservado. Um outro reflexo desta dinâmica são aqueles filhos que encontram grande dificuldade de voltar para o lar, mesmo sendo bem-sucedidos. Ou ainda, aqueles outros que têm muita dificuldade de sair de casa e deixar "as suas redes".

No ambiente das empresas, abusos de poder são comuns e podem culminar com situações trágicas. Dependendo da constituição da pessoa, diante de uma situação de assédio, por exemplo, ela pode se sentir culpada e se matar, após ter cedido à insinuação de um chefe, por exemplo, no campo sexual, moral, etc.

O suicídio e o pertencimento

O caso da jovem, que citamos acima, nos parece possível refletir que a dinâmica de comportamentos inconscientes na família pode ser herdada por meio de padrões coletivos de comportamento adoecido.

As pessoas podem se matar para pertencer, ou mesmo para não pertencer. São comuns as descrições de japoneses que se suicidam quando percebem que serão presos numa batalha em que se veem vencidos. Pode representar, em determinadas culturas, um comportamento que revele honra. Embora, às vezes, mais pareça orgulho ferido, camuflado de nobreza moral.

Há contextos de chantagem moral em que as pessoas, para não comprometerem filhos e outros parentes, optam por suicidar, quando estão endividadas – de forma criminosa ou não – por exemplo, evitando o massacre ou a humilhação de seu próprio clã.

E, existem, também, aquelas dinâmicas psicológicas do arrependimento, em que o sujeito sente uma culpa muito grande por algum ato cometido, de forma mais ou menos inconsciente, não consegue absorver os efeitos dessa culpa em seu coração, paralisa-se no automartírio sem cogitar do autoperdão, e se mata. Este parece ter sido o caminho trilhado por Judas, segundo os relatos do Evangelho.

O caso de Judas

Menosprezando a autoridade de Jesus, Judas parece ter resolvido tomar providências individuais a fim de assegurar que Jesus não fosse preso. Há relatos, nesta linha, que defendem a ideia, por exemplo, de que ele esperava que Jesus fosse reagir e com isso emplacar, à força, a instalação do Reino de Deus na Terra.

Há, ainda, aqueles que defendem, que Judas teria agido motivado, exclusivamente, por interesses materiais, e claro, discordando dos métodos pacifistas do Cristo, etc.

De toda forma, o ato de ter se suicidado parece ter sido uma forma de expiar, de se excluir do sistema que o queria incluir. Diante da morte de um benfeitor, ele não se permitiu ser digno de continuar vivendo, acreditando, talvez, que não precisaria mais lidar com esta culpa.

Do ponto de vista da Espiritualidade, essa é uma questão interessante. Os estudos mostram com clareza, que a religiosidade é um fator de proteção contra o suicídio. Atendendo pessoas todos os dias, em nosso ofício como médico, observamos essa realidade. Muitos católicos, desesperançados com a vida, que nos dizem não se matar por terem certeza da continuidade da vida após a morte. Espíritas, em quadros depressivos, que revelam não se matar, por terem certeza das questões do carma; protestantes que relatam temor ao inferno e enxergam o suicídio como artimanhas de "Satanás", dentre outros motivos.

Autoextermínio e os desequilíbrios entre o dar e o receber

Em minha prática, também observo pessoas com níveis de carência muito elevados, que acabam se matando, por acharem que deveriam receber mais da vida, sem dar nada para a Vida. Ou ainda, que raciocinam da seguinte forma: o menor esforço delas deve ser retribuído pelo maior esforço da Criação Divina.

Pessoas assim tendem a culpar maridos, esposas, filhos, pais e se colocam, com frequência, em situação de vítima, dificultando a resolução de suas próprias vidas que, afinal de contas, em última análise, cabe a elas mesmas. Ficam em uma situação de lamúria, em uma zona confortável de adoecimento e repetem, como um mantra, seus discursos de menos valia, acreditando que estão convencendo os outros, quando, na verdade, estão enganando a si mesmas.

Em geral, assumem um comportamento associado à ideia de que bebendo o veneno, o outro – supostamente culpado pelo sofrimento dela – é que irá morrer. Naturalmente, não é comum esse desfecho. Em geral, não morrem, assumem posturas de manipulação, chantagem emocional visando, não raro, evocar a atenção de seu círculo. Essas pessoas em geral são desacreditadas, vistas com preconceito pelos seus familiares como "pitizentas", ou "histéricas" e raramente conseguem alcançar o fim que almejam, qual seja, uma melhor visibilidade pela sociedade ou mesmo o suicídio em si. Porém, infelizmente, às vezes erram na dose, e acabam encontrando o suicídio como o desfecho trágico da história que vinham escrevendo nas páginas da própria vida. Não estamos aqui querendo estabelecer um estereótipo, mas chamar a tenção para este tipo de comportamento que não deixa de ser patológico e orientar sobre o quanto ele precisa de ajuda especializada, assim como outros que temos levantado nas linhas anteriores.

O problema, muitas vezes, é o de ingratidão. Às vezes, foram crianças e jovens mimados (as) que receberam tudo com muita facilidade, sem ter que se esforçar por isso, e não conseguem dar real valor às coisas que têm. Acham que a vida tem a obrigação de fazer as suas vontades e não respeitam o tempo e nem a vontade das outras pessoas e das circunstâncias, querendo que tudo seja feito segundo a sua própria vontade, segundo os seus próprios caprichos.

É natural todo mundo ter as suas necessidades de afeto e de atenção. Não estamos dizendo que isso não seja importante. Estamos falando aqui de uma tendência patológica ao autodesrespeito e à autodesconsideração.

Claro que todos passam por momentos de crise, e gostaria de propor ao leitor (a) um pequeno exercício, que tem ajudado muitas pessoas a encontrarem melhor o seu caminho. Procure tirar um dia inteiro apenas para agradecer. Provoque-se. Desafie-se. Procure ver motivos para agradecer que você nunca encontrou. Tudo que ver, ouvir, agradeça, procurando um sentido para agradecer por aquela determinada situação, conversa, pensamento, emoção ou objeto. Veja os efeitos disso no final do dia. Tenho obtido relatos que tal técnica, inclusive, tem ajudado as pessoas a clarearem o próprio sentido de suas vidas, esvaziando o poço das lamúrias e jorrando a fonte do sentido e do significado para a existência. É como se a arte de agradecer ajudasse a desbloquear os canais do sentido e significado para a existência em torno dos nossos passos.

Nossas últimas palavras

Prezado (a) leitor (a), estamos encerrando as reflexões propostas para este volume. Esperamos que as reflexões em torno das leis de Amor das Constelações Sistêmicas, exemplificadas com passagens do Evangelho tenha ajudado você a compreender melhor algumas dinâmicas da Vida ao seu redor e dentro de você mesmo(a).

Naturalmente que a Constelação familiar é apenas uma, entre várias ferramentas que podem ajudar você a conhecer mais a si mesmo(a), suas escolhas e a vida ao seu redor. Existem várias aplicações e interpretações de vários assuntos. E este, é apenas um prisma por meio do qual as constelações podem ser compreendidas. Existem vários outros.

Caso tenha se interessado, convidamos você para conhecer melhor este trabalho, a fim de que possamos, juntos, ir crescendo e ampliando a nossa consciência individual e coletiva, em busca de um milênio onde predomine o Amor, a Paz e a Saúde.

Um grande abraço!

Sugestões

Alguns filmes:

1) Meu pai – Uma lição de Vida (1989)
2) Jesus de Nazaré (1977)
3) À procura da felicidade (2007)

Para ver com as crianças:

1) O Rei Leão (1994)
2) Procurando Nemo (2003)
3) Selvagem (2006)

Alguns sites:

Sites oficiais de Bert Hellinger:

1) www.hellinger.com
2) www.hellingershule.com

Grupos de pesquisa em saúde e espiritualidade nas academias

1) Núcleo de Pesquisas em Espiritualidade e Saúde - NUPES – UFJF: www.ufjf.br/nupes
2) Núcleo Avançado de Saúde, Ciência e Espiritualidade NASCE-UFMG: www.nasce-ufmg.blogspot.com
3) Unidade de Pesquisas em álcool e Drogas - UNIAD: www.uniad.org.br

Editoras brasileiras que publicam versões em português dos livros de Bert Hellinger:

1) www.pensamento-cultrix.com.br
2) www.atmaneditora.com.br

Referências

Alighieri, Dante. A Divina Comédia. Ed. Scipione.

Almeder, R. Objeção materialistas contra o dualismo cartesiano. RevPsiq Clin. 2013;40(4):150-6.

Autores diversos. O livro das religiões. Globo Livros.

Autores diversos. Supervisão em Psiquiatria – O Ensino da clínica e a clínica do ensino. 1a ed. Segmento Farma.

Campbell, Linda. Ensino e aprendizagem por meio das Inteligências Múltiplas. Porto Alegre: Artes Médicas, 2000.

Capra, Fritjof. O Ponto de Mutação. Ed. Cultrix. 1989.

Capra, Fritjof. O Tao da Física. Cultrix.

Caroli Rocha, A. PhD, Denise Paraná, PhD, Elizabeth Schmitt Freire, PhD. Francisco Lotufo Neto, MD, PhD. Alexander Moreira-Almeida, MD, PhD. Investigating the Fit and Accuracy of Alleged Mediumistic Writing: A Case Study of Chico Xavier's Letters. September-Ocotober. 2014. Volume 10, Issue 5, Pages 300-308.

Cartilha de prevenção do suicídio. Associação Brasileira de psiquiatria. Brasília 2014.

Cartilha de Suicídio – SITE OMS - http://www.who.int/mental_health/suicide-prevention/world_report_2014/en/ (acesso em 15 de agosto de 2015).

Classificação Internacional das Doenças – 10. CID-10.

Constellations with Homeopathic Remediesc By Dr. Johannes Latzel Translation by Markus Abernathy – acesso em 10 agosto

2015: http://www.human-systems-institute.com/docs/elscie/Latzel_Constellations_W_Homeopathic_Remedies.pdf.

Cury, Augusto. Análise da Inteligência de Cristo. Obras completas.

Cury, Augusto. Pais inteligentes fazem sucessores, e não herdeiros.

Dalgalarrondo, P. Estudos sobre religião e saúde mental realizados no Brasil: histórico e perspectivas atuais. Rev. Psiq. Clin. 34, supl 1; 25-33, 2007.

Dawkings, Richard. O Gene Egoísta.

Dicionário MICHALEIS ONLINE (www.michaelis.uol.com.br). Acesso em 15 agosto 2015).

Disposti, Vilson. Filhos da Dor. Intelitera.

Dutra Dias, Haroldo. Traducao. Novo Testamento. FEB, Editora.

Einstein and Religion – Physicis and Theology (1999). Princeton University press (1999).

Etienne G. Krug, Linda L. Dahlberg,James A. Mercy, Anthony B. Zwi e Rafael Lozanooms Relatório mundial sobre violência e saúde. Organização Mundial da Saúde.

Franckl, Victor – Em busca do sentido. Ed. Vozes.

Freud, Sigmund. Obras completas volume 15. Psicologia das massas e análise do Eu e outros textos (1920-1923). Tradução Paulo Cesar de Souza.

Gardner, Howard. Inteligências Múltiplas: a teoria na prática. Porto Alegre: Artes Medicas, 1995.

Gattaz et al. Clinica Psiquiátrica – volumes 1 e 2 – USP.

Gazinelli, R. Quem tem medo da Física Quântica? Ed. UFMG. 2012.

GehrkePanzini, R. Tese Mestrado. Escala de Coping Religioso e Espiritual (Escala CRE): Tradução, Adaptação e Validação da escala RCOPE, abordando relações com saúde e qualidade de vida. (2004).

Goleman, Daniel. Inteligência emocional – a teoria revolucionária que redefine o que e ser inteligente, Editora Objetiva, 1995.

Goswami, A. – O universo autoconsciente. Editora Aleph. (2012).

Goswami, A. Criatividade Quantica. Editora Aleph.

Goswami, A. Evolução Criativa das Espécies. Editora Aleph.

Grinberg-Zylberbaum, J. Delaflor, M., Atie, L., e Goswami, A. 1994). "Einstein-Podolsky-Rosen paradox in the human brain: The trasnfered potential." PhysicsEssays, volume 7, pp 422-28.

Guyton, A. e Hall. Tratado de Fisiologia Medica. 12a ed. Elsevier.

Hahnemann, S. Organon da Arte de Curar.

Hellinger, Bert. A fonte nao precisa perguntar pelo caminho. Atman Editora.

Hellinger, Bert. A simetria oculta do amor. Atman Editora.

Hellinger, Bert. Constelações familiares. Atman Editora.

Hellinger, Bert. Ordens do Amor. Atman Editora.

Jaspers, Karl. Psicopatologia Geral – volumes 1 e 2. Editora Atheneu (1973).

Jung, C. G. Aion. Ed. Vozes.

Jung, C.G. Obras completas. Ed. Vozes.

Jung, C.G. Os tipos psicologicos. Ed. Vozes.

Kardec, Allan. Céu e Inferno. Feb Editora.

Koenig, Harold. A Espiritualidade no Cuidado com o Paciente. Ed. Catavento.

Krippner, S. Os primeiros curadores da humanidade: abordagens psicológicas e psiquiátricas sobre os xamas e o xamanismo / Rev. Psiq. Clin. 34, supl 1; 17-24, 2007.

Kubler Ross, E. A Roda da Vida. São Paulo. Ed. Martins Fontes.

Kubler Ross, E. Sobre a Morte e o Morrer. São Paulo. Ed. Martins Fontes.

Lent, Roberto *et al.* 100 bilhoes de neuronios. Atheneu. 1a edicao.2010.

Mazarollo, Isidoro. Jesus e a Física Quântica – Editora PUC-Rio. 2013.

Mclean, Paul. "The Triune Brain in evolution: Role in paleocerebral functions". (1990).

Ministério da Saúde. As cartas da promoção de Saúde. Brasilia. (2002).

Moreira, Alexander. Menezes, A. Jr. Revisão da Literatura- O diagnóstico diferencial entre experiências espirituais e transtornos mentais de conteúdo religioso. Rev. psiquiatr. clin. vol.36 no.2 Sao Paulo, 2009.

Moreira-Almeida A, Araujo SF. O cérebro produz a mente? Um levantamento da opinião de psiquiatras / ArchClinPsychiatry. 2015;42(3):69-70.

NeuroQuantology | June 2010 | Vol 8 | Issue 2 | Page 120-136 Tarlaci S., A historical view of the relation between quantum mechanics and the Brain.

NeuroQuantology | March 2010 | Vol 8 | Issue 1 | Page 49-50 Ghaemi SN., Quantum psychiatry: a new paradigm?

O discurso do método – Rene Descartes. Ed. Martins Fontes. São Paulo, 2001.

O Estatuto do Idoso. http://www.planalto.gov.br/ccivil_03/leis/2003/L10.741.htm . Acesso em 15 de Agosto de 2015.

Osvaldo Pessoa Jr. Conceitos de Física Quântica, Volume 1 –Editora Livraria da Física.

Powell, A. Psychiatry and spirituality: the forgotten dimension [online]. [acesso em 1 ago. 2004]. Disponivel em: http://www.rcpsych.ac.uk/pdf/powell_19_11_03_2%20.pdf. [Links].

Prayer and health: review, meta-analysis, and research agenda. Masters KS, Spielmans GI. J Behav Med. 2007 Oct;30(5):447. Epub 2007 May 3. Review.

Quevedo, João et al. Emergências psiquiátricas. Artmed. 2a edição.

Reportagem sobre a garçonete e os bombeiros. http://noblat.oglobo.globo.com/cronicas/noticia/2015/08/cartasde-nova-york-existe-amor-em-nyc.html. (Acesso em 1o. de setembro de 2015)

Research methodology for studies of prayer and distanthealing. Targ E. ComplementTherNursMidwifery. 2002 Feb;8(1):29-41. Review.

Ronaldo Laranjeiras et al. Aconselhamento em Dependência Química. 2a ed. Editora Roca.

Rosen, Sidney. Minha voz irá contigo -- Editora Psy.

Rossanon del farra, Health Education and Spiritualitty: metodological propositions. Rev. bras. educ. med. vol.34 no.4 Rio de Janeiro Oct./Dec. 2010.

Salgado, M.I. Freire, G. Saúde e Espiritualidade – Volumes 1 e 2. Inede Editora.

Santo Agostinho. Confissões. Ed. Vozes.

Santos E. G. Siqueira, M.M. - J. Bras. Psiquiatr. vol.59 no.3 Rio de Janeiro 2010 - Prevalência dos transtornos mentais na população adulta brasileira: uma revisão sistemática de 1997 a 2009.

Sobre a Teoria do Caos - http://www.professores.uff.br/salete/caos.htm . Acesso em 15 de agosto de 2015.

Teixeira, João de Fernandes. O que e Filosofia da Mente? Editora Brasiliense, 1994.

Thompson, Biblia Sagrada.

Ubaldi, P. Deus e o Universo. (1987) Ed. Fundapu.

Weill, Pierre. Antologia do êxtase. Ed. Palas Athena.

Zeig, Jeffrey K. Vivenciando Erickson – Editora Psy.

Zohar, Danah; MArshal, I. Spiritual Intelligence. Bloomsbury papperbacks.

Sobre o autor

Fabrício Oliveira é mineiro, pai de três filhos. Criado no interior de Minas Gerais, de onde saiu para concluir os seus estudos de nível secundário e superior, no campo profissional. Formou-se médico pela Universidade Federal de Minas Gerais especializando-se em Psiquiatria e Homeopatia, com pós-graduação em Dependência Química com formação nas áreas de Hipnose Ericksoniana, Constelações Familiares, Coaching e Gestão de Pessoas.

Com experiência no setor público e privado, tem atuado como terapeuta, palestrante e escritor. Como médico, na área de Saúde, já atendeu milhares de pacientes e familiares. Dessa lavra, retira a sua inspiração para a escrita do presente livro, repleto de sua gratidão por todos esses dez anos de boas práticas e muita troca e aprendizado nesse campo.

Como palestrante e agente de promoção e prevenção em Saúde, na interface com a Educação e a Espiritualidade, já ministrou palestras no Brasil e no Exterior, envolvendo as áreas de Saúde, Religiosidade, Educação e Espiritualidade Humana, para milhares de pessoas.

Durante o período acadêmico, fundou, junto com alguns colegas, o NASCE – Núcleo Avançado de Saúde, Ciência e Espiritualidade da Faculdade de Medicina da UFMG (Universidade Federal de Minas Gerais), e frequentou várias reuniões e congressos de Saúde e Espiritualidade durante a sua formação. Foi, inclusive, um dos membros da comissão de implantação da disciplina optativa de Saúde e Espiritualidade, no currículo médico desta universidade, no começo deste século.

Como médico, exerce as funções de psiquiatra, psicoterapeuta e homeopata. Como palestrante, atua no Brasil e no Exterior, oferece palestras, cursos e workshops voltados para o desenvolvimento pessoal e profissional, numa perspectiva bio-psico-socio-espiritual para famílias, escolas e outras organizações. É, também, apresentador do programa semanal "Saúde POD", na Rádio Carijós AM 1270, em Conselheiro Lafaiete-MG

Conheça mais em: www.drfabriciooliveira.com

Como participar de eventos e cursos com o Dr. Fabrício Oliveira?

Prezado(a) leitor(a),

É com imensa satisfação que me comunico nestas páginas agora com você! Nasci para isso! Esse é o meu legado e quero compartilhar tudo o que tenho aprendido com você a partir do que vou lhe apresentar agora!

Sempre me perguntei como poderia ajudar as pessoas, além das atividades que realizo em meu consultório. Como alcançar mais gente, de forma positiva e promovendo saúde e paz em nossa sociedade. Por causa disso, e com muita satisfação, desenvolvi um programa de atividades, que posso realizar em grupo e atender às demandas e necessidades das pessoas, em todo o país e no exterior, por meio das quais elas poderão nos conhecer e – se quiserem – contratar os nossos serviços para que possamos ir até à sua respectiva região ou para que elas possam vir ao meu encontro, numa proposta de mútuo crescimento e aprendizado.

Esse programa inclui as seguintes atividades, que se dividem em presenciais e à distância (*online*): Dentre as atividades presenciais, estão as ***Consultas, Palestras, Workshops e Grupos de Crescimento.*** E dentre as atividades *online:* ***Cursos livres, Supervisão e Consultoria.***

Se quiser conhecer mais, entre no nosso site!

Espero lhe conhecer mais em breve!

Um grande abraço!

Fabrício Oliveira.

www.drfabriciooliveira.com

Este livro foi composto com tipografia Bembo e impresso
em papel Off-Set 90g. na Formato Artes Gráficas.